I0696115

Shapes Game

 Trace the line

Shapes Game

Trace the line

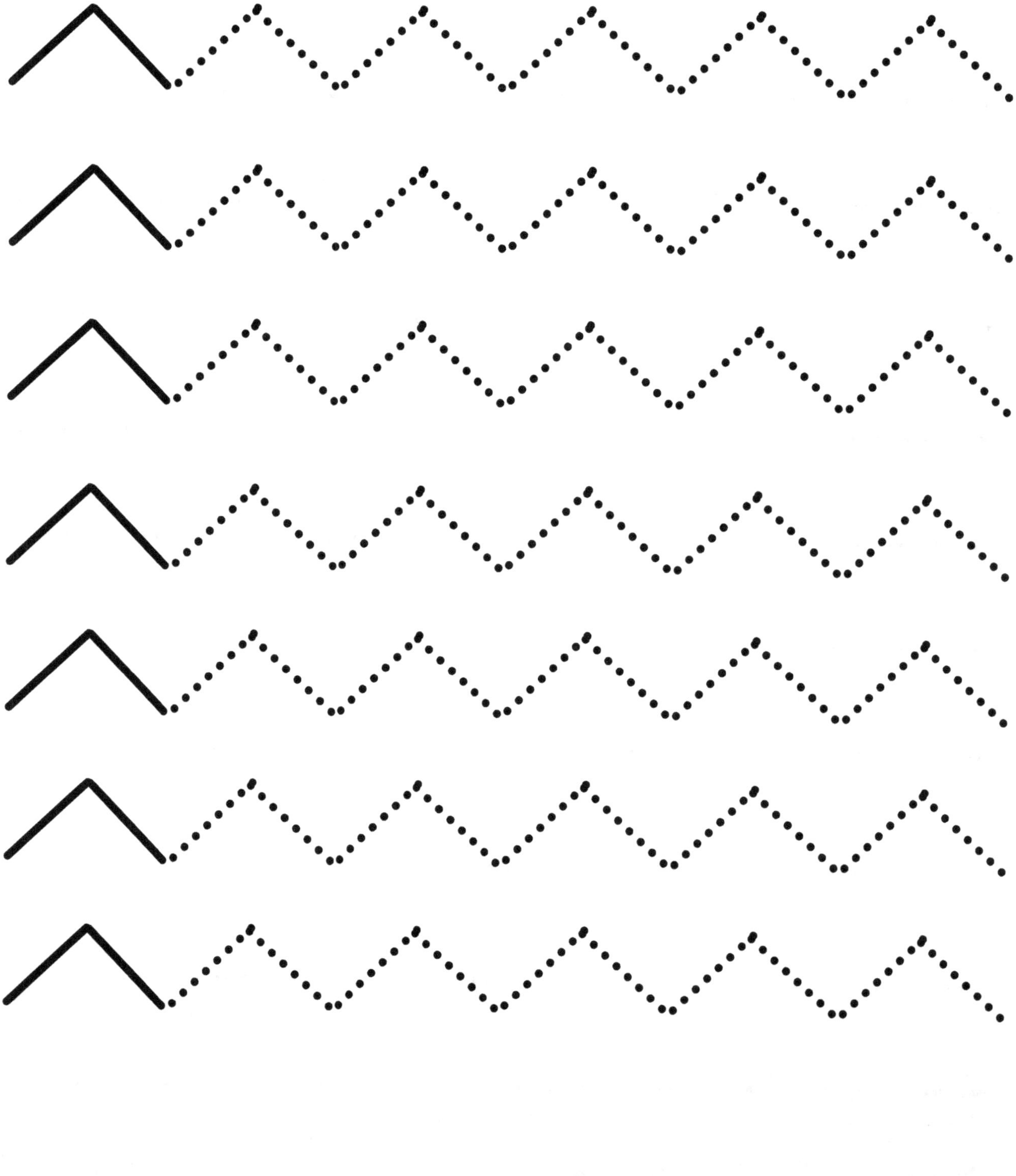

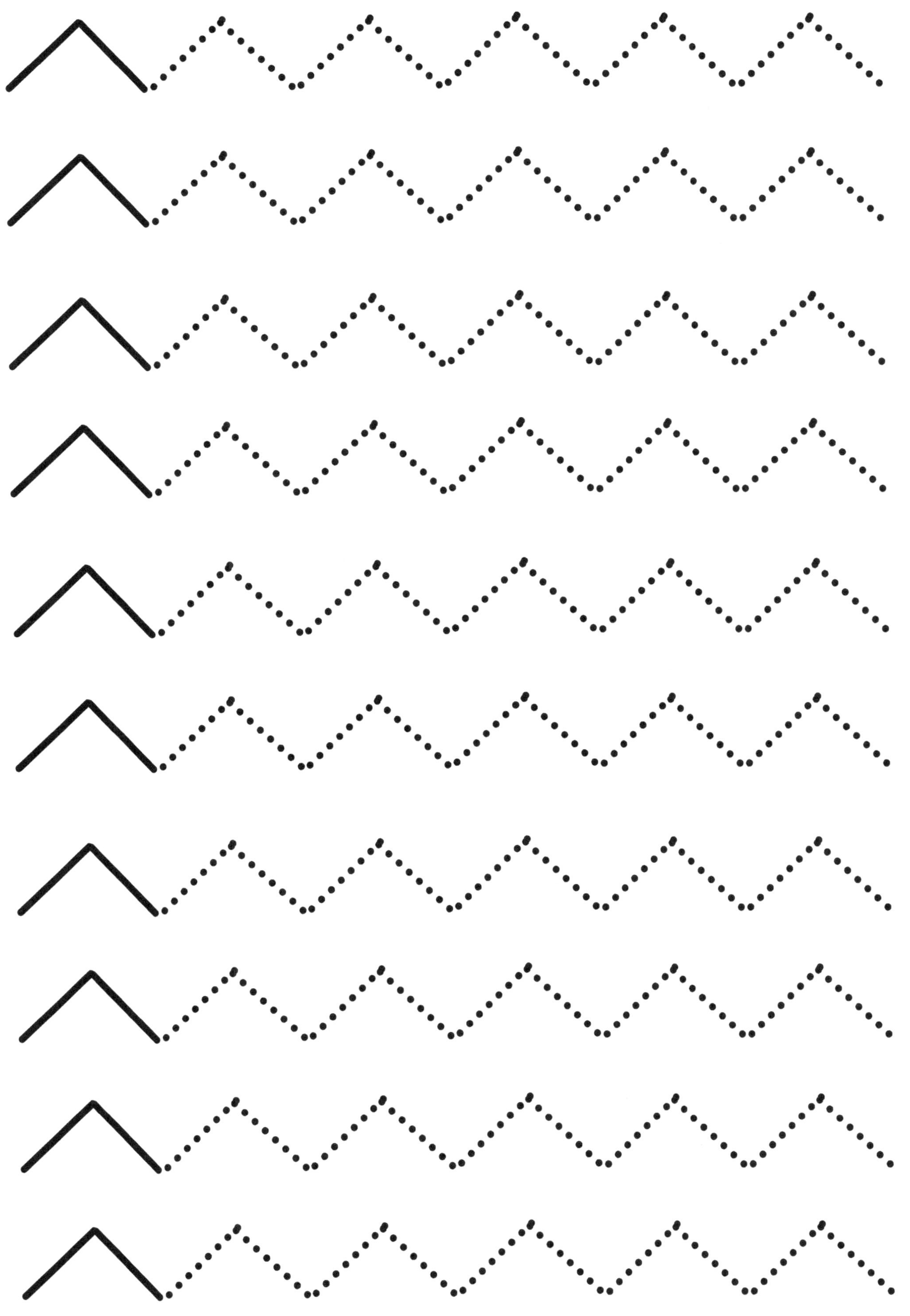

Shapes Game

Shape

Trace

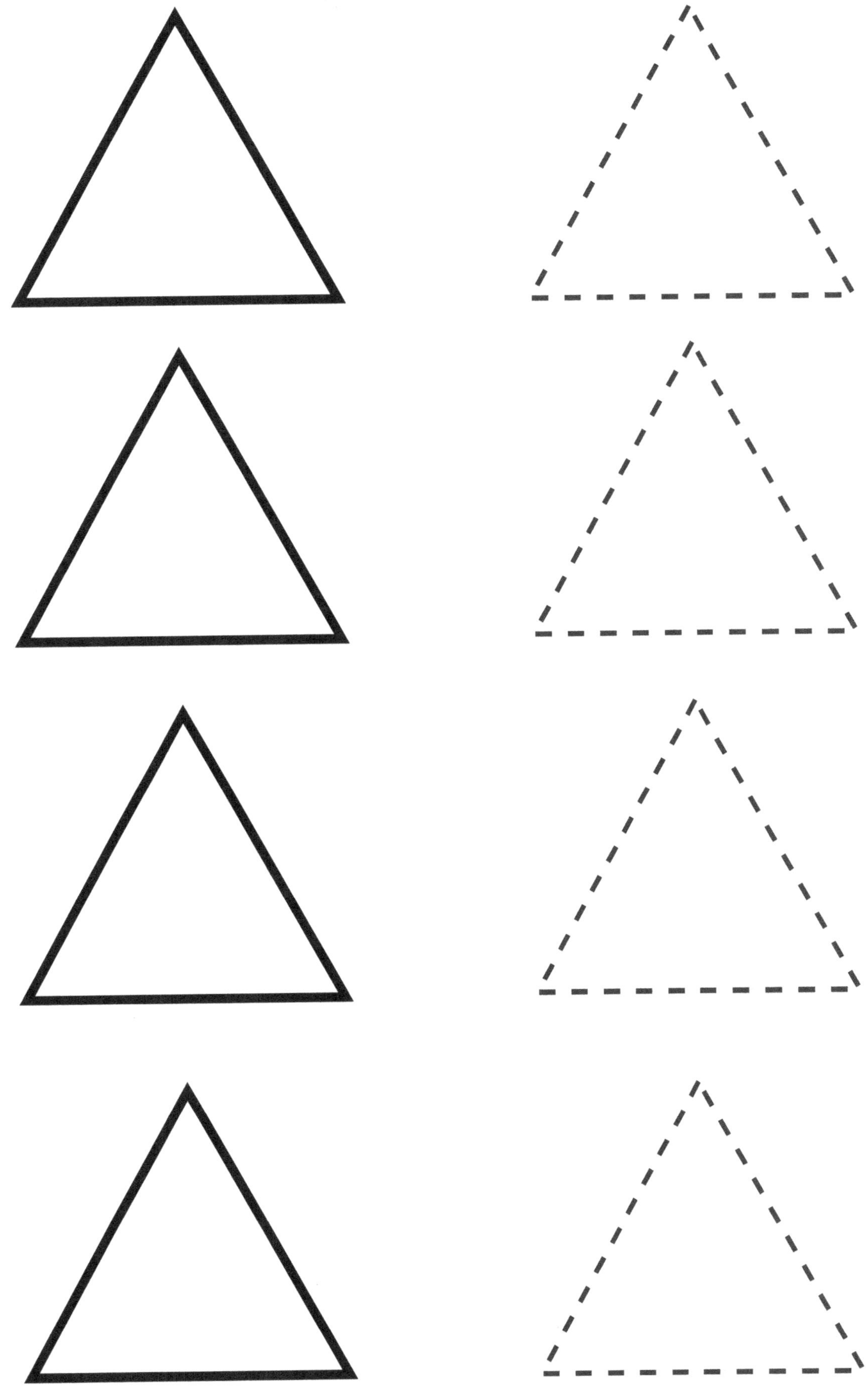

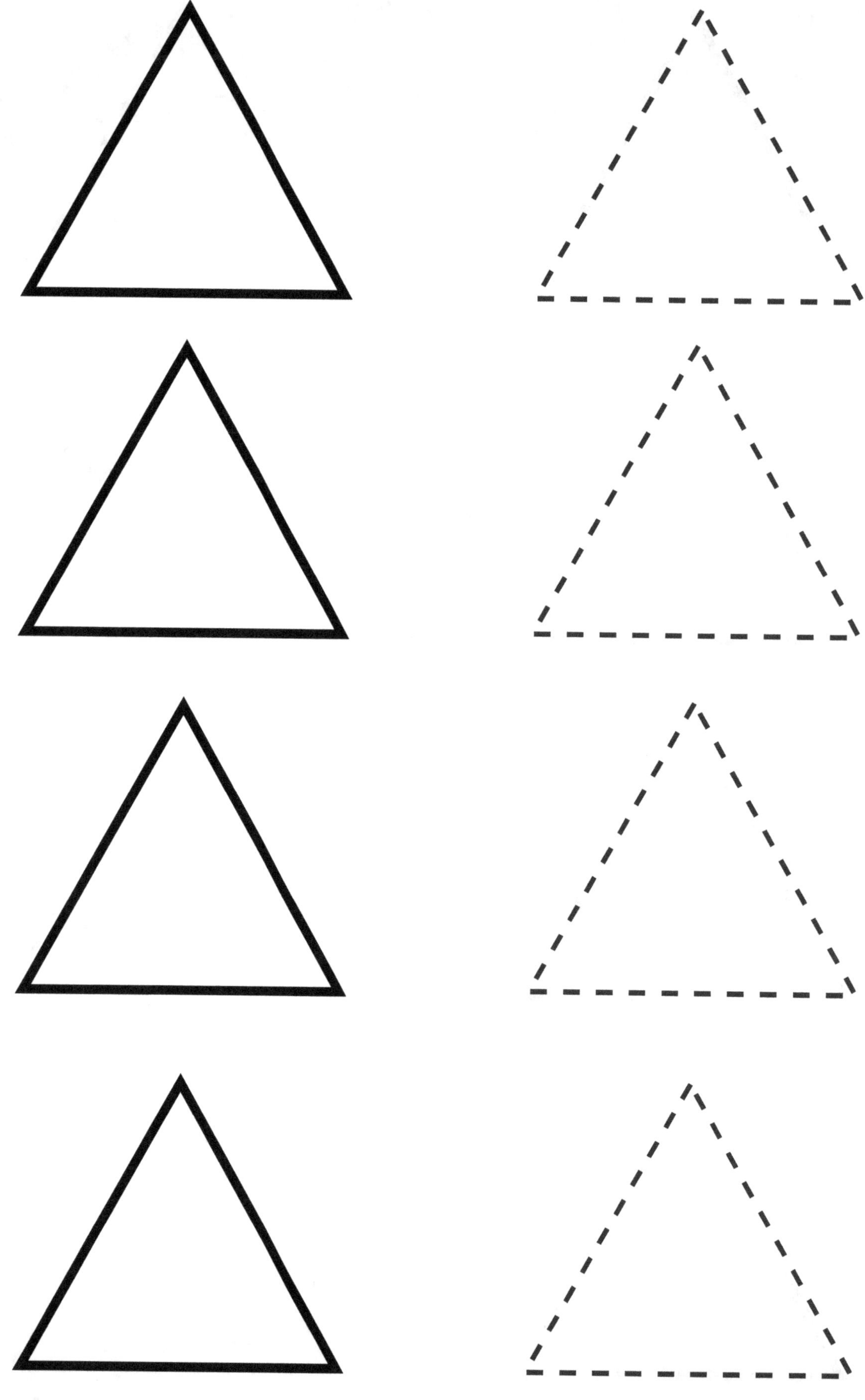

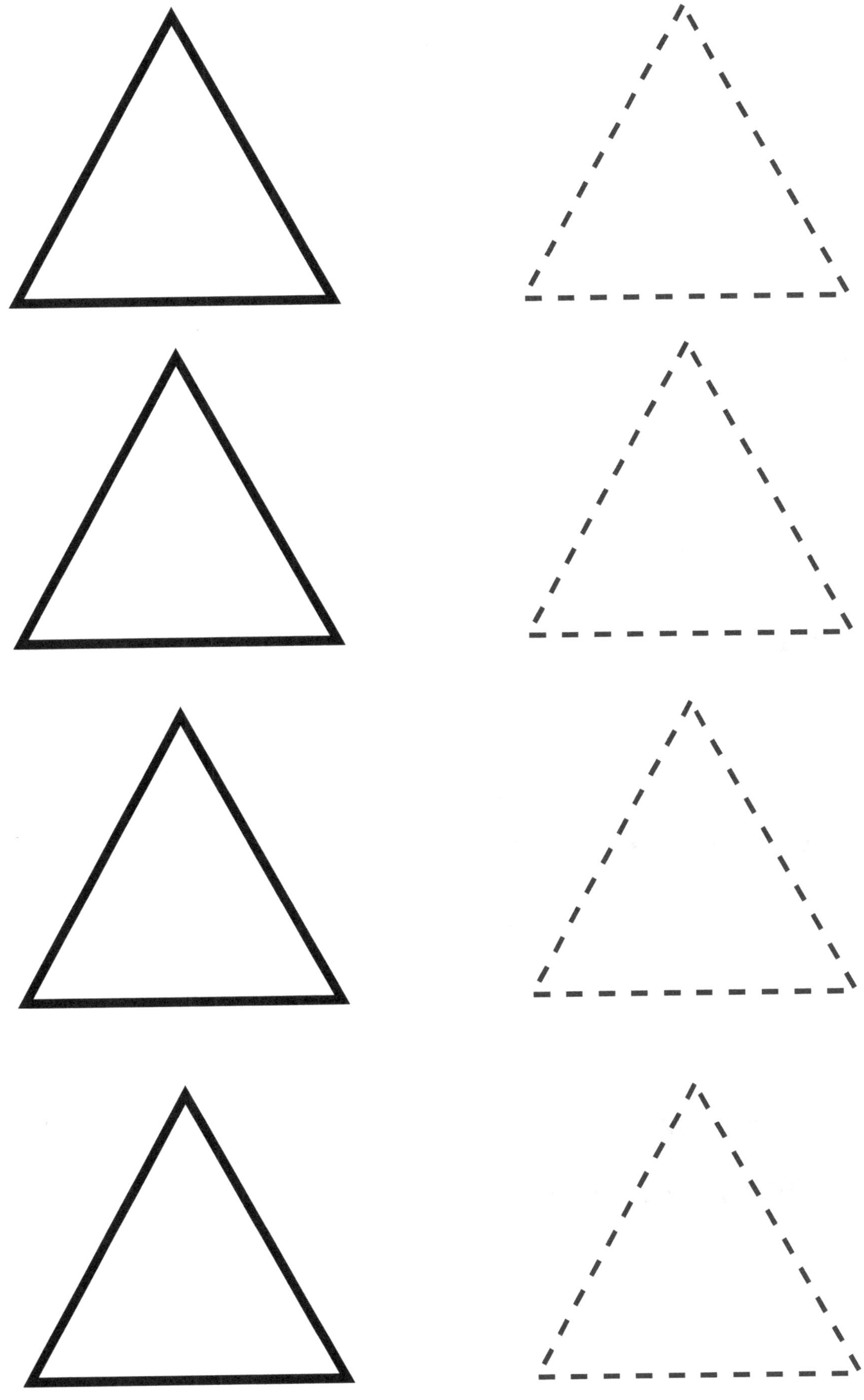

Shapes Game

Shape

✏️ Trace

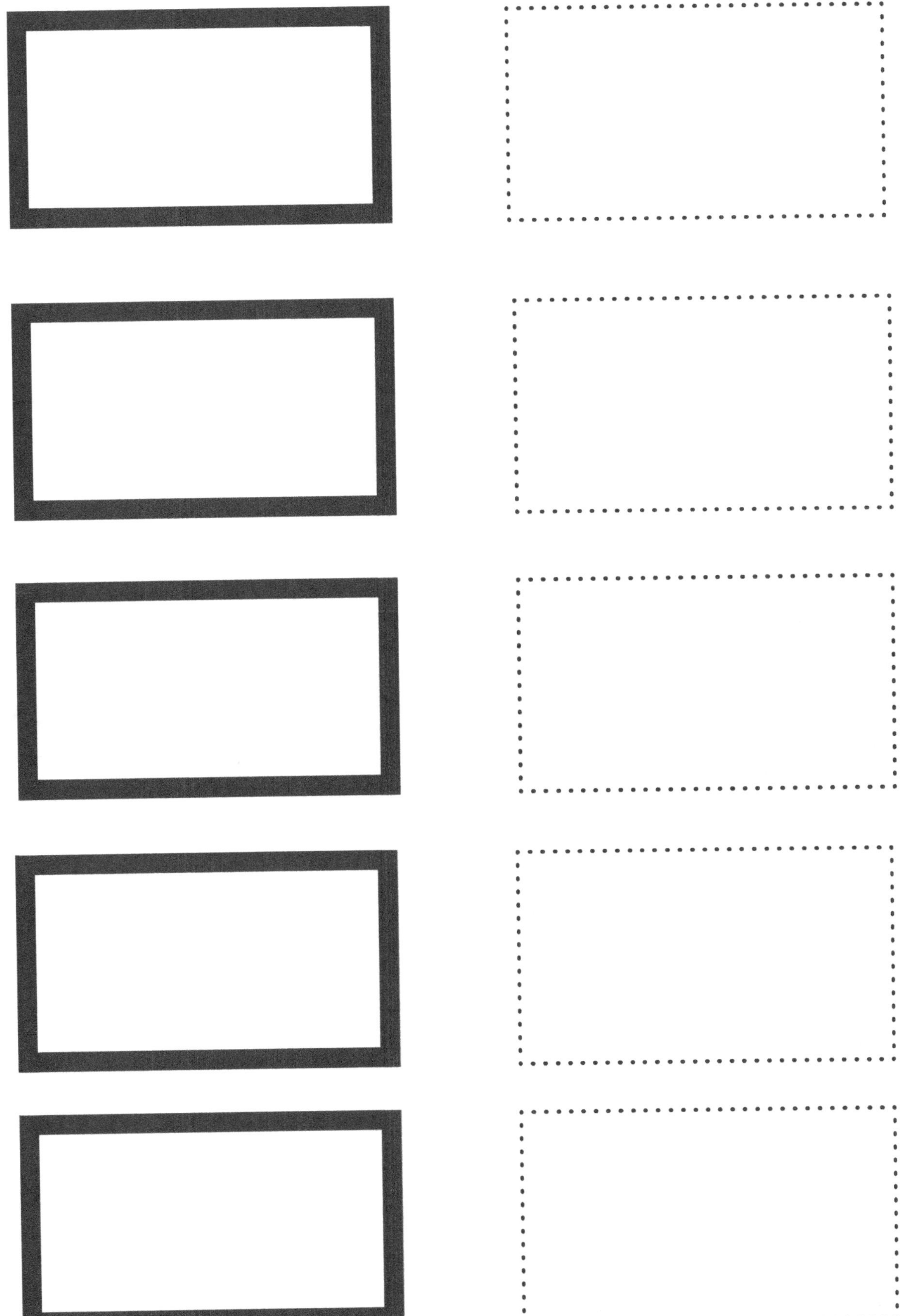

Shapes Game

Shape

 Trace

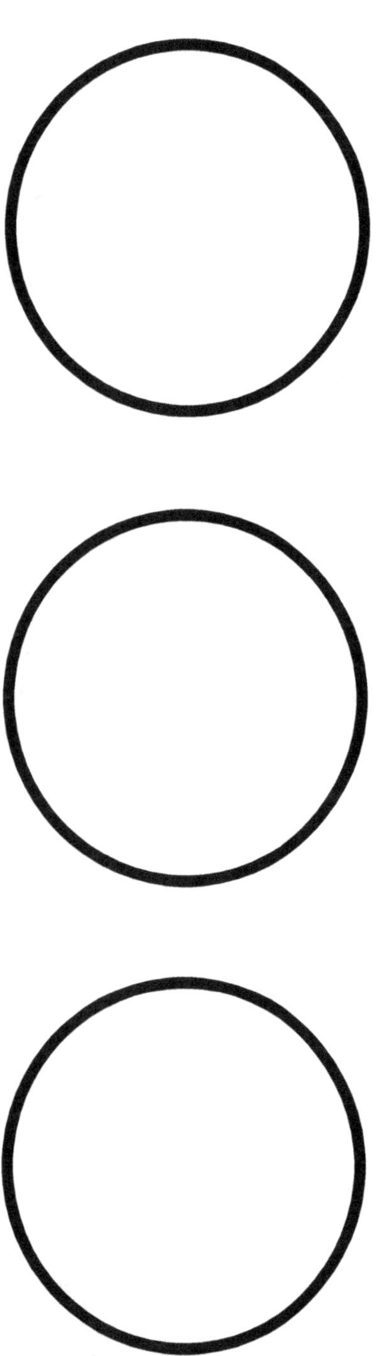

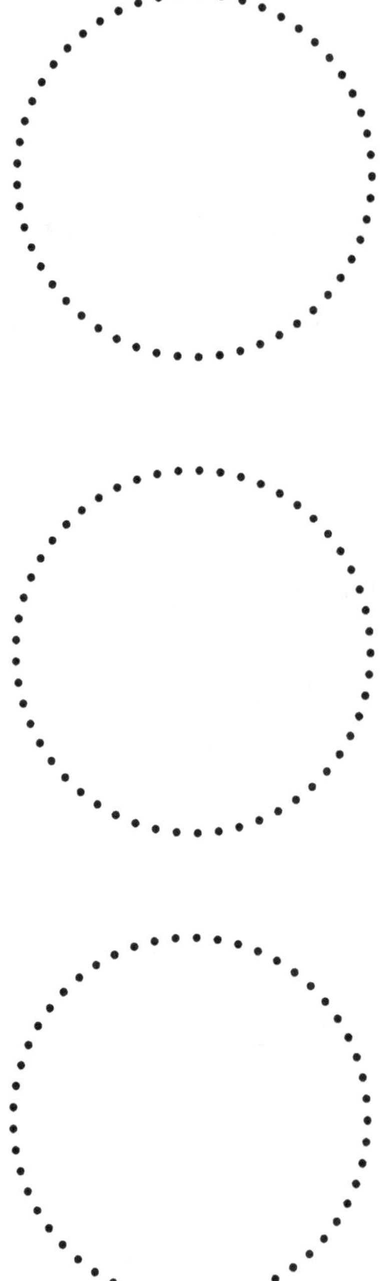

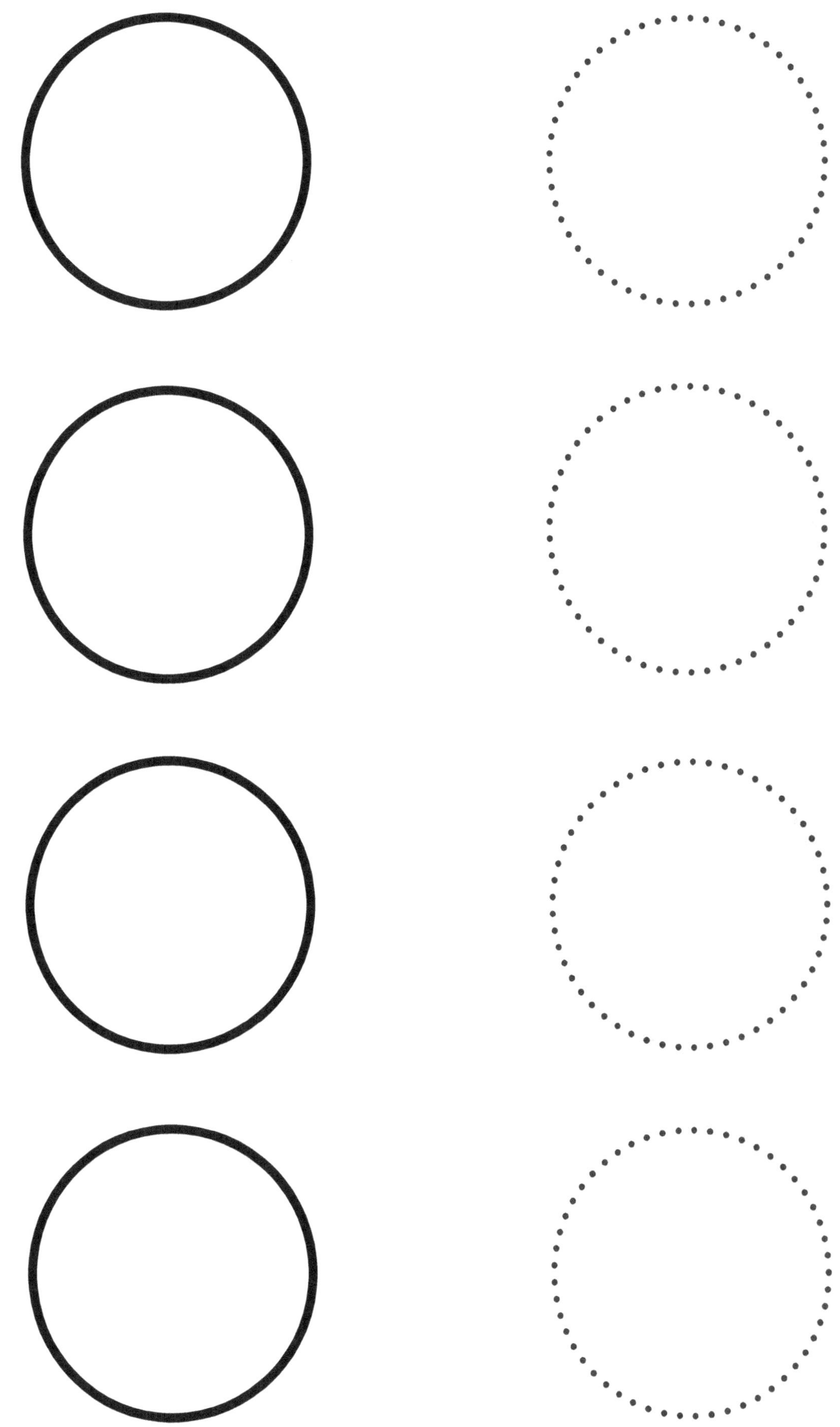

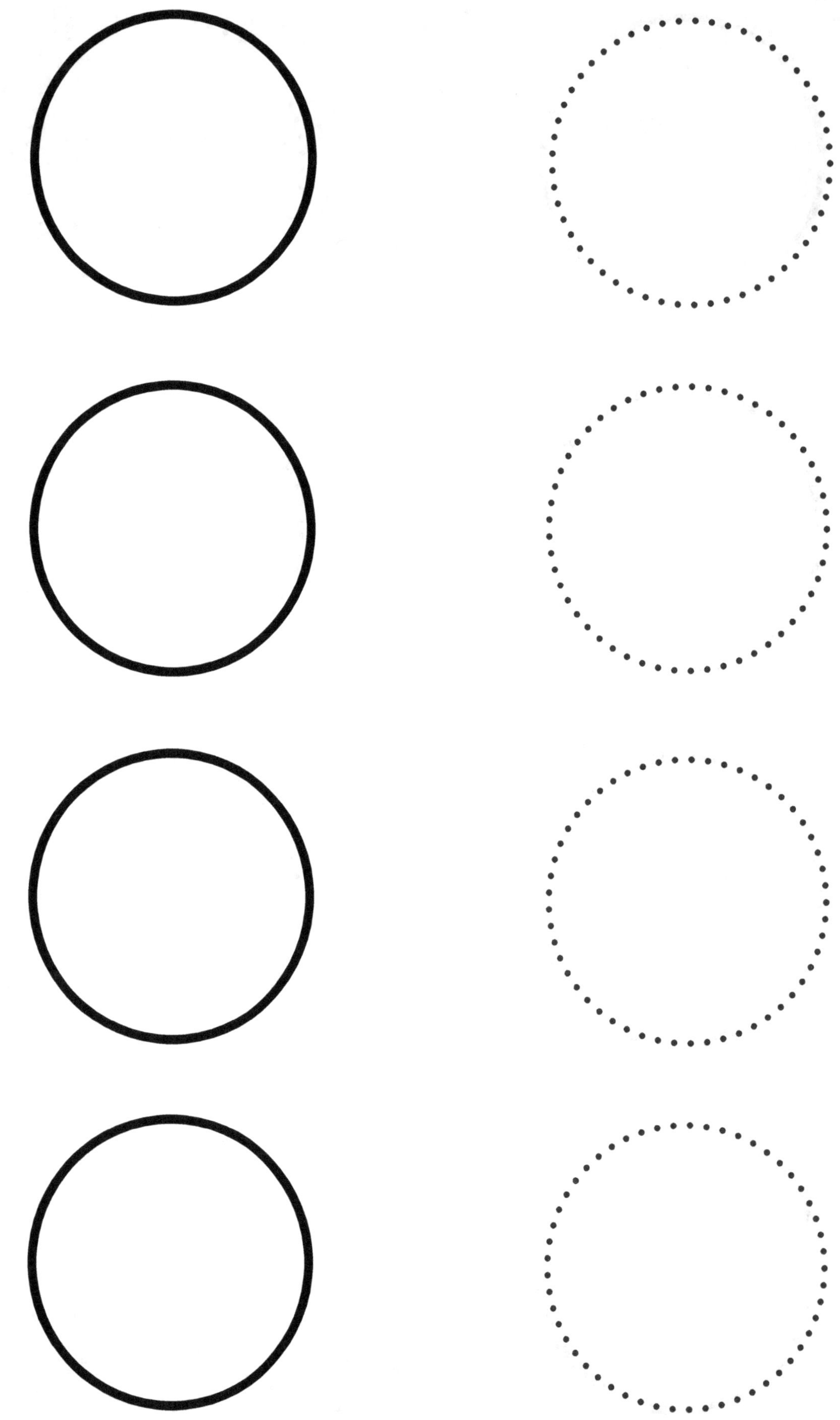

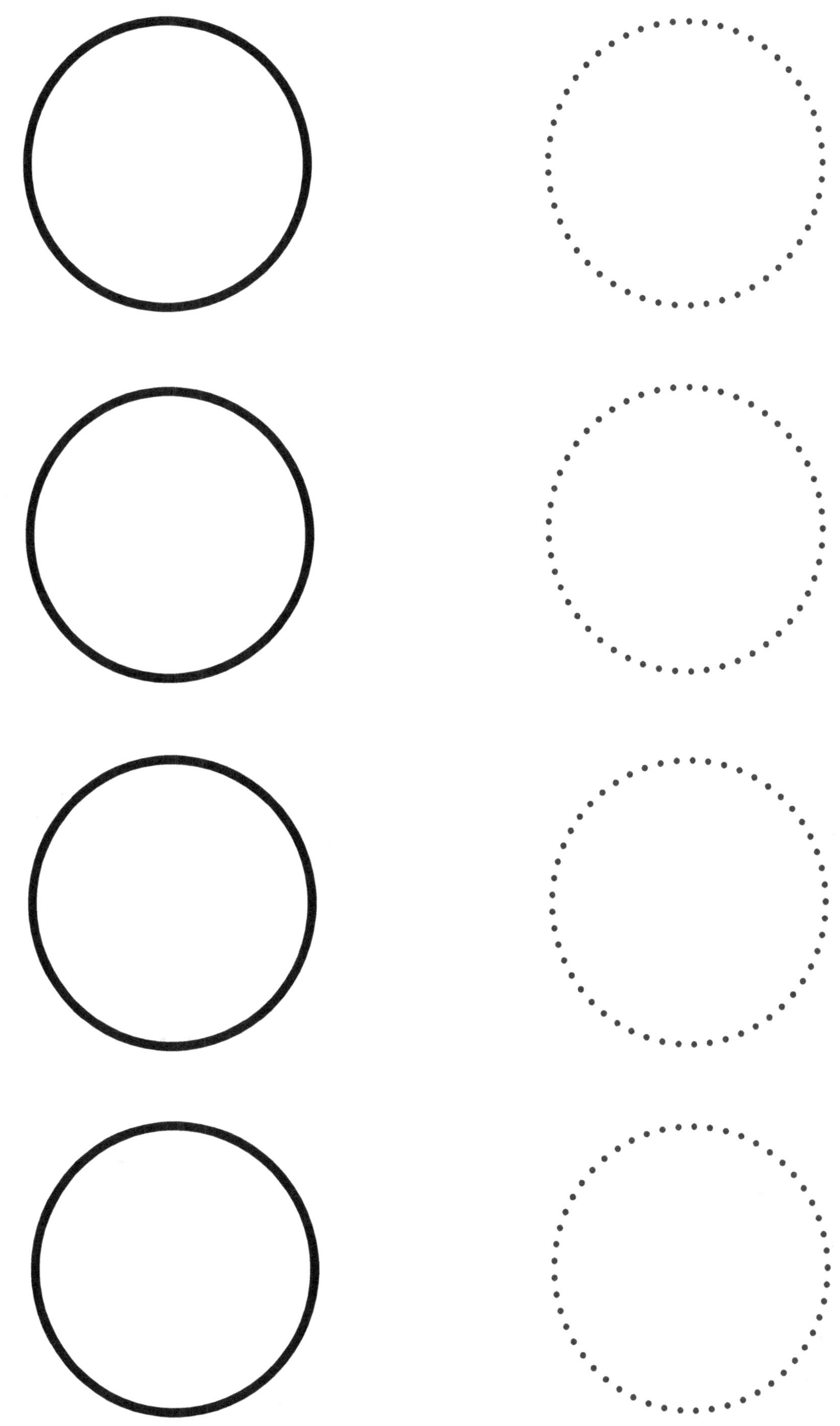

Shapes Game

Shape    Trace

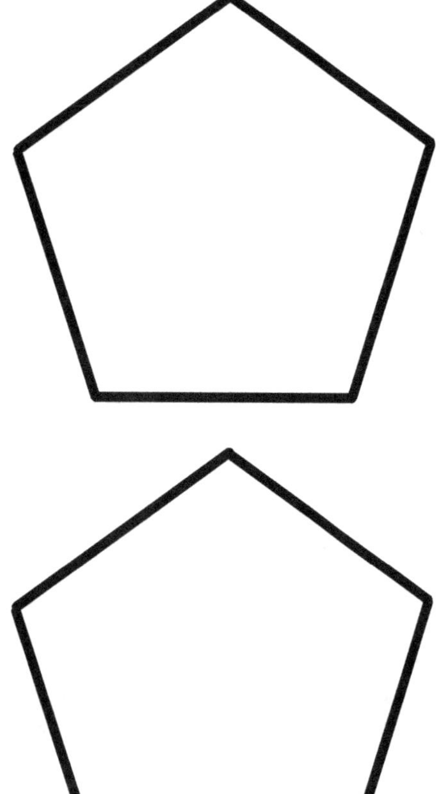

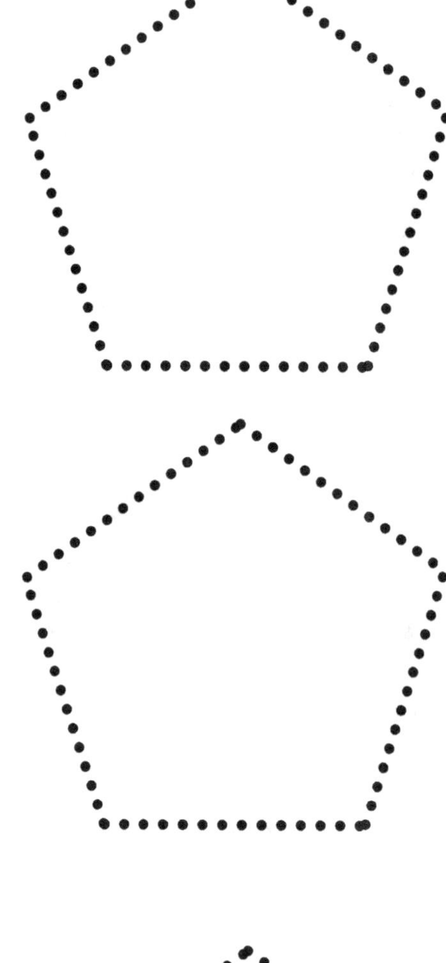

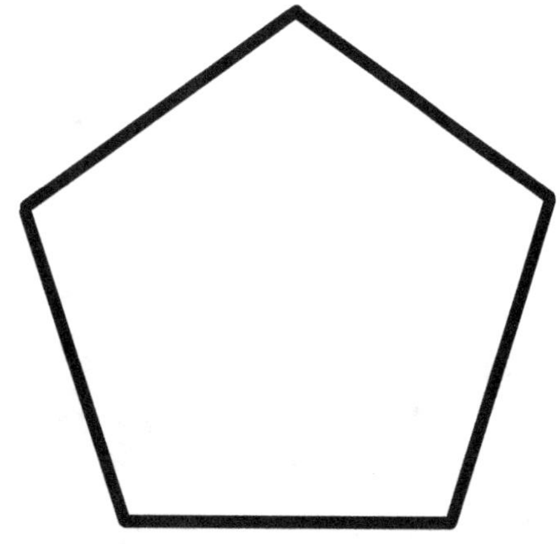

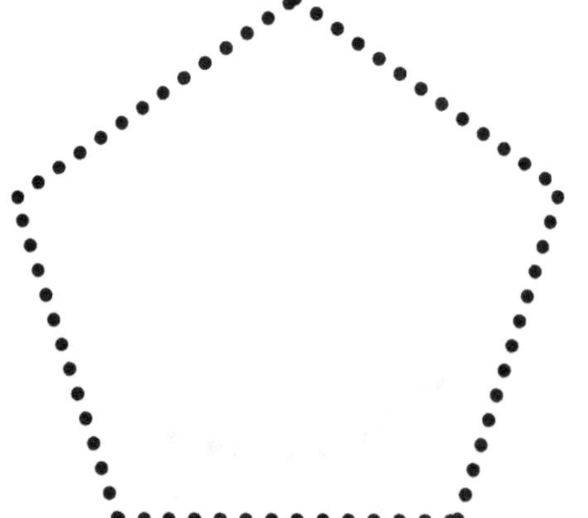

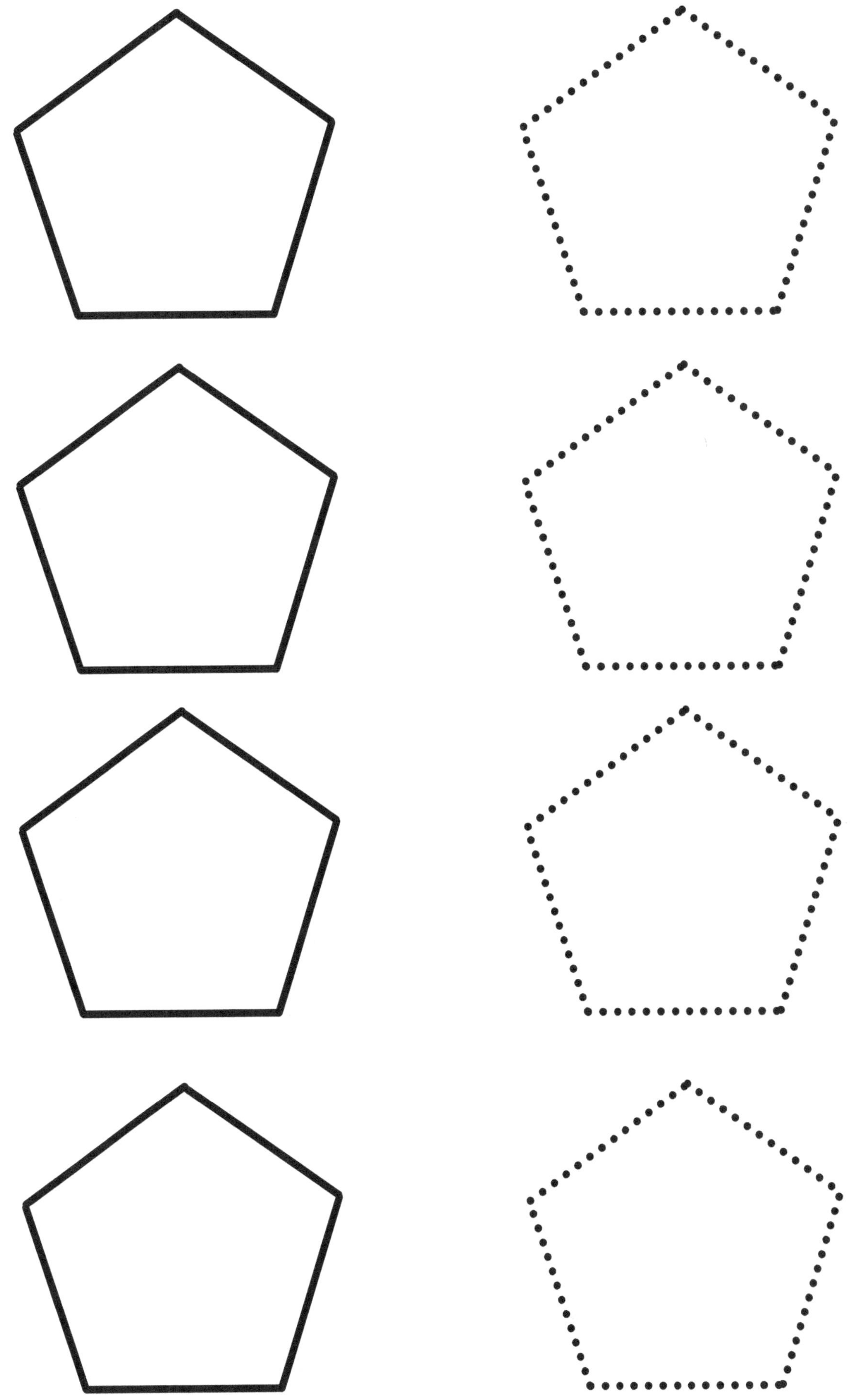

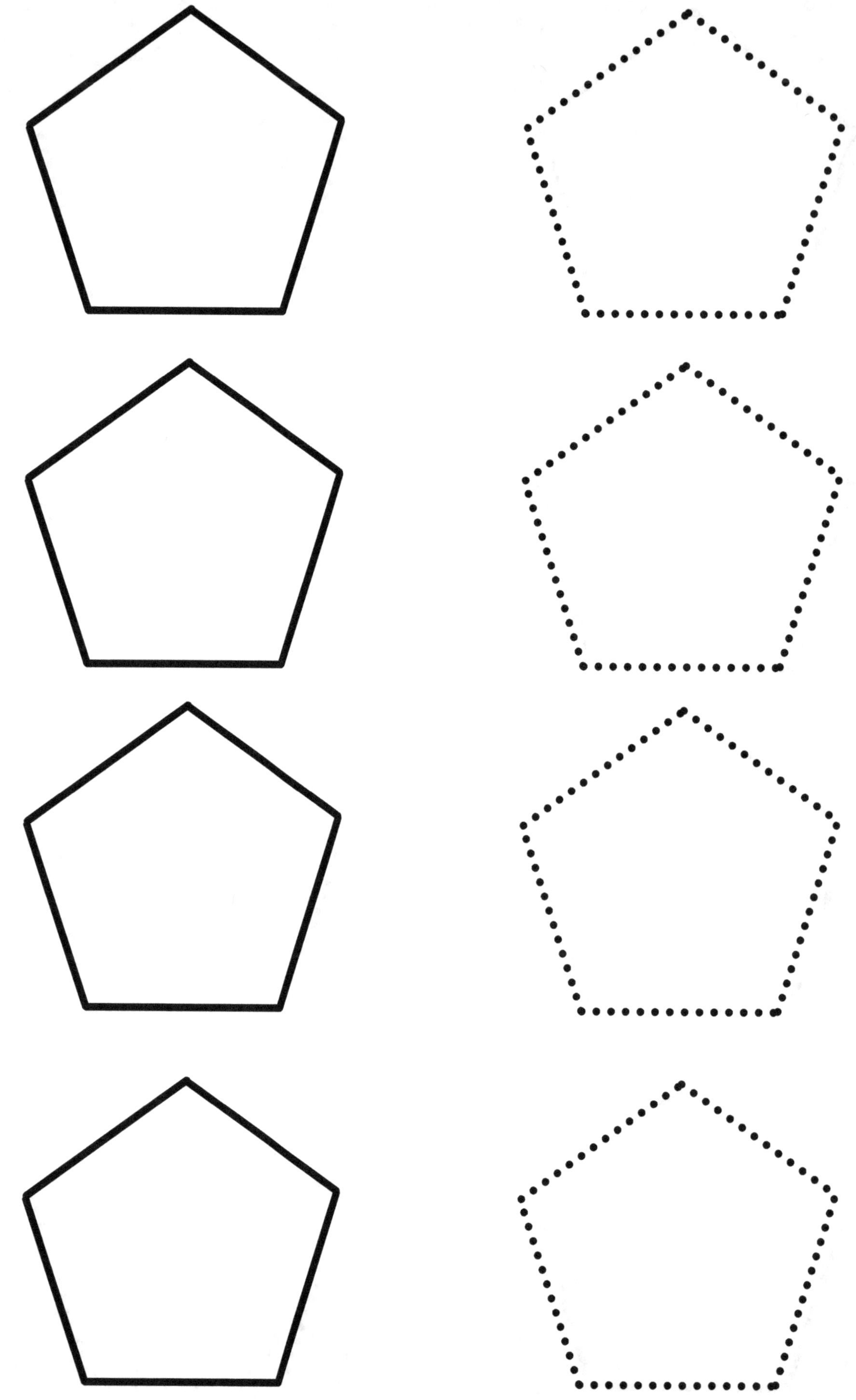

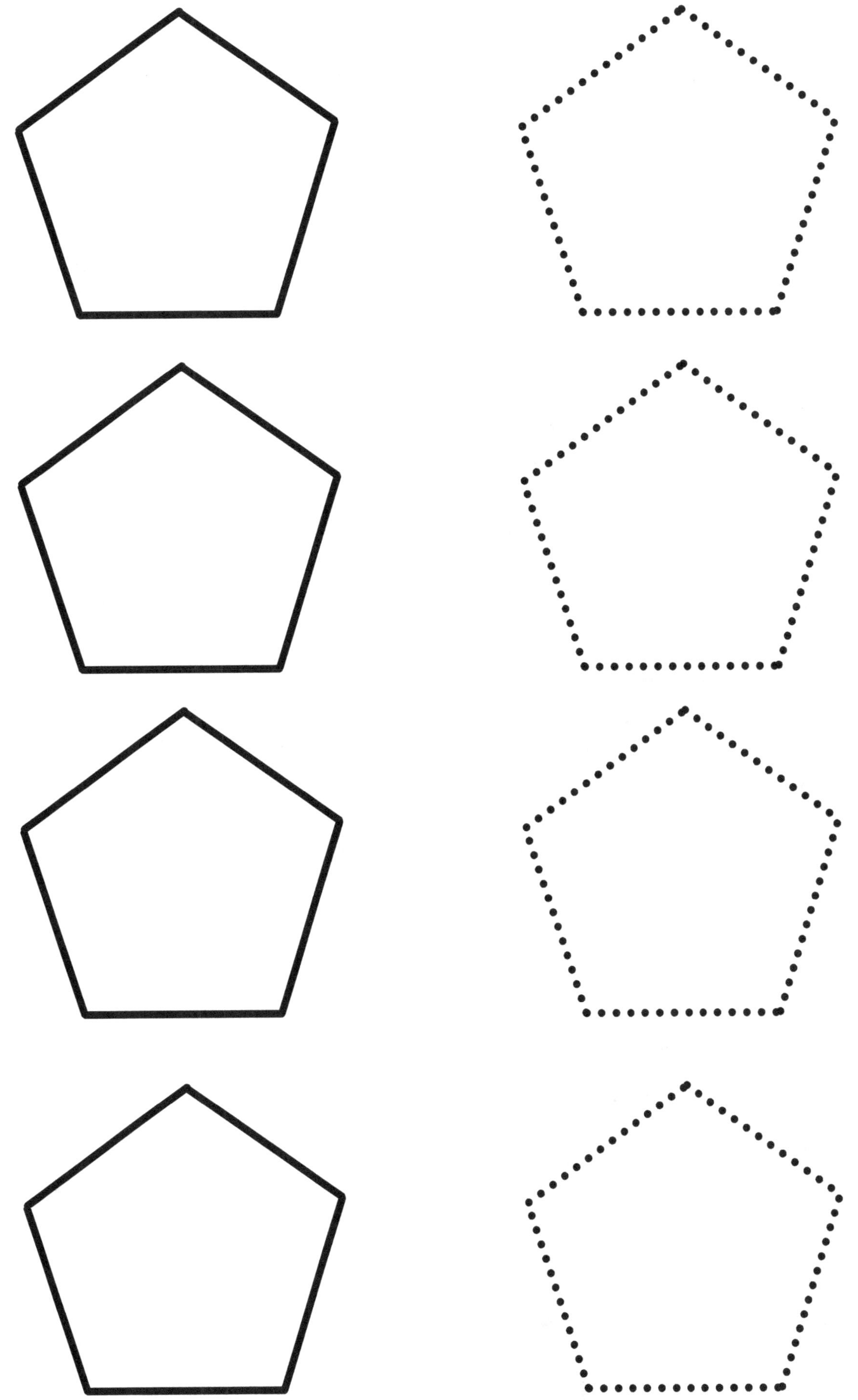

Shapes Game

Shape

Trace

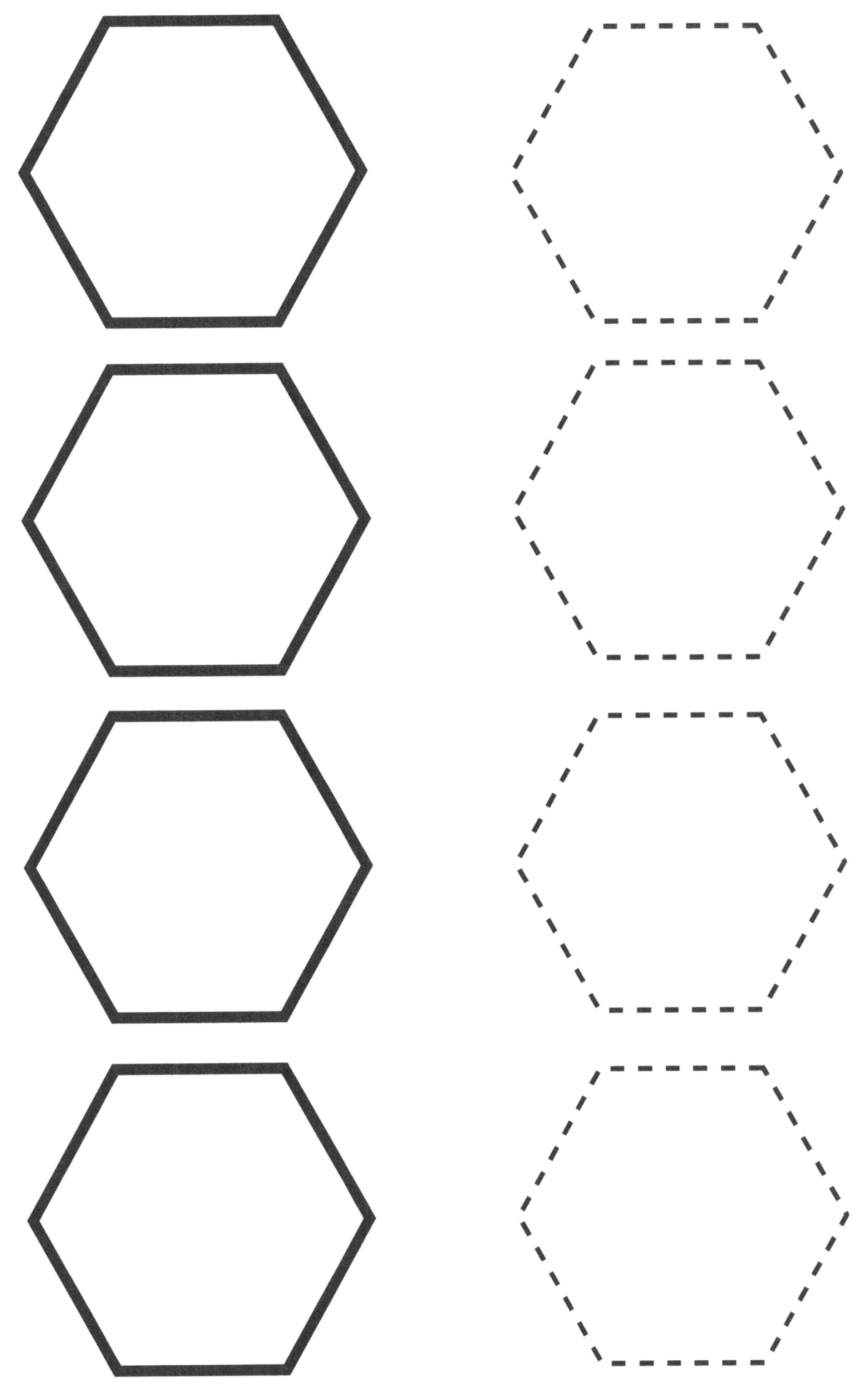

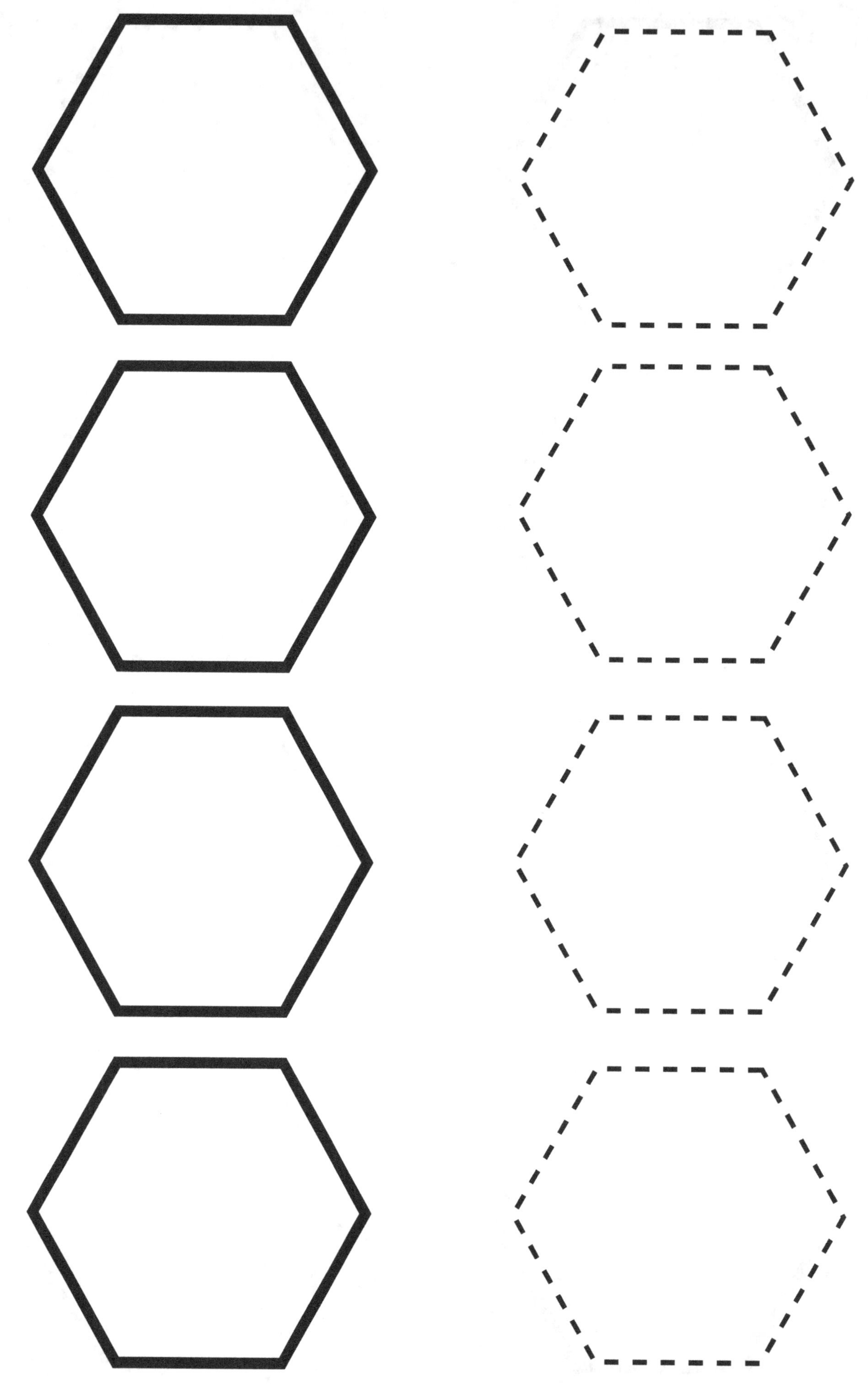

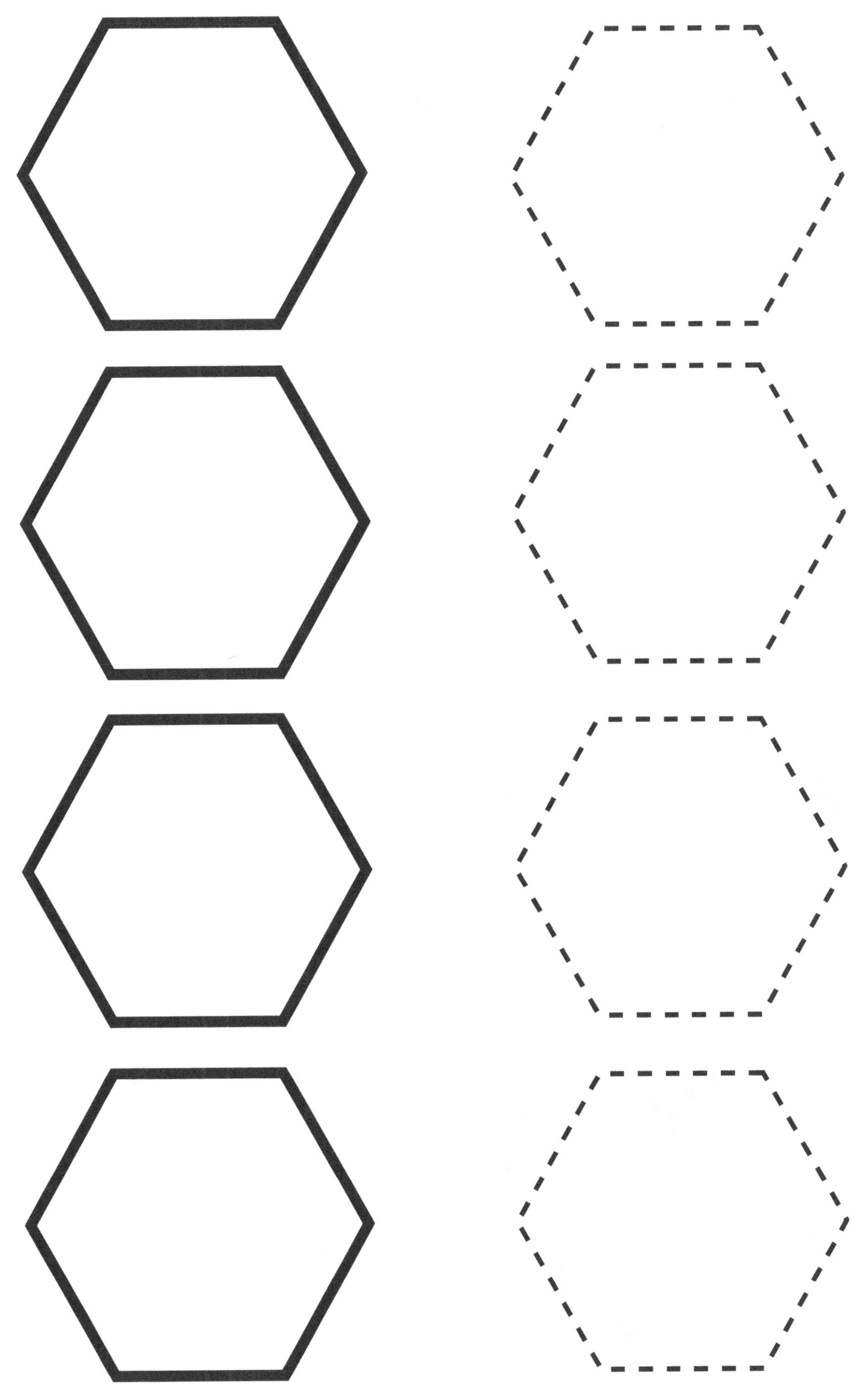

Shapes Game

Shape

 Trace

Zero

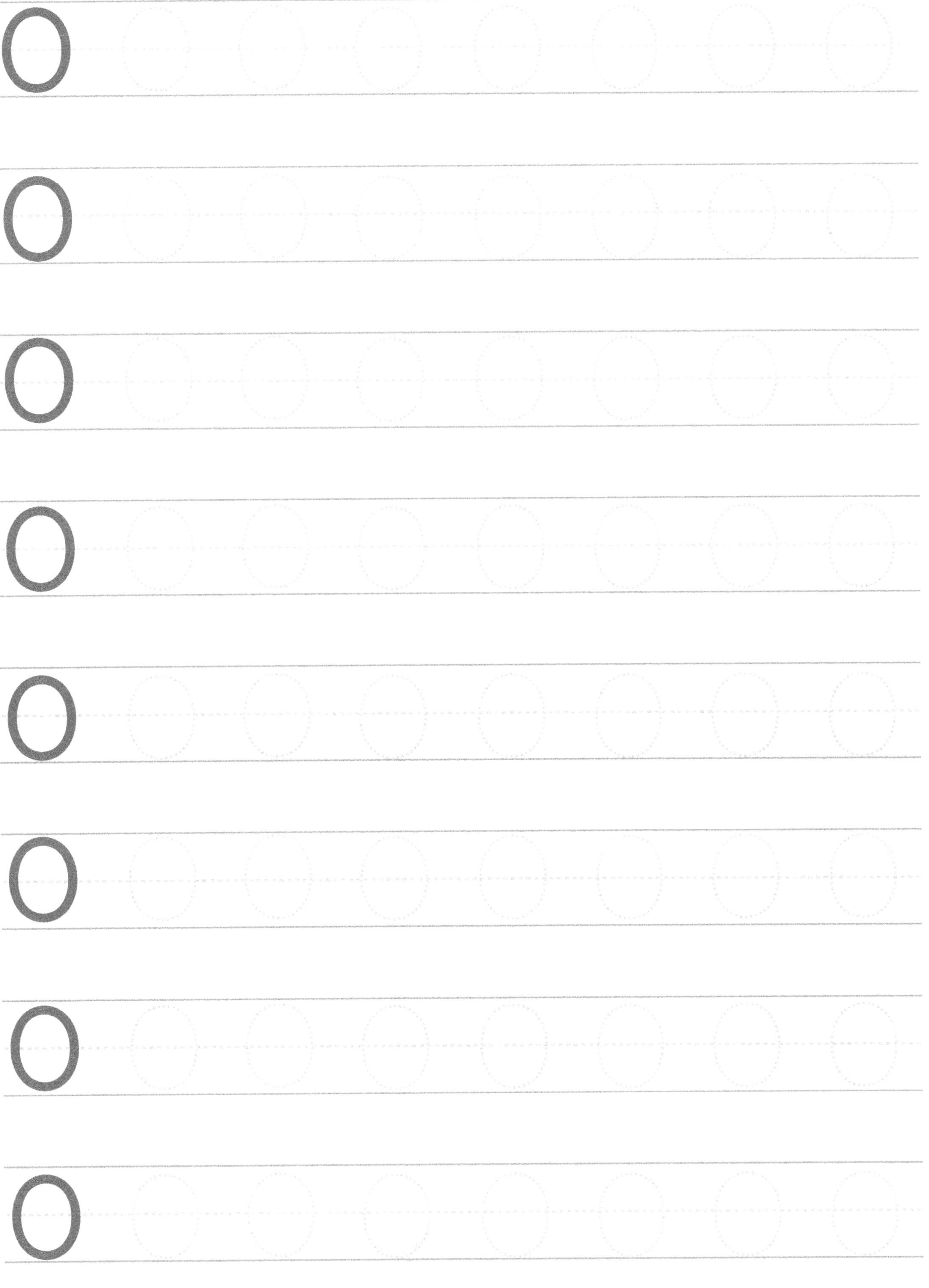

One

1

1

1

1

1

1

1

1

1

1

1

1

1

1

1

1

1

1

1

1

1

1

Two

2

2

2

2

2

2

2

2

2

2

2

2

2

2

2

2

2

2

2

2

2

2

2

2

2

2

2

2

2

Three

3

3

3

3

3

3

3

3

3

3

3

3

3

3

3

3

3

3

3

3

3

Four

4

4

4

4

4

Five

5

5

5

5

5

5

5

5

5

5

5

5

5

5

5

5

5

5

5

5

5

5

5

5

5

5

5

5

5

Six

6

6

6

6

6

7

7

7

7

7

7

7

7

7

7

7

7

7

7

7

7

7

7

7

7

7

7

7

7

7

7

7

7

7

Eight

8
8
8
8
8

8

8

8

8

8

8

8

8

Nine
9
9
9
9
9

Ten

10
10
10
10
10

10

10

10

10

10

10

10

10

10

10

10

10

10

10

10

10